LE CHAPEAU

D'UN

HORLOGER

COMÉDIE

EN UN ACTE, EN PROSE

PAR

Mme ÉMILE DE GIRARDIN

NOUVELLE ÉDITION

PARIS

MICHEL LÉVY FRÈRES, LIBRAIRES ÉDITEURS

RUE VIVIENNE, 2 BIS, ET BOULEVARD DES ITALIENS, 15

A LA LIBRAIRIE NOUVELLE

—

M DCCC LXIV

LE CHAPEAU

D'UN

HORLOGER

COMÉDIE

Représentée pour la première fois, à Paris, sur le théâtre du Gymnase
le 16 décembre 1854.

THÉATRE

LADY TARTUFFE, comédie en cinq actes, en prose.

C'EST LA FAUTE DU MARI, comédie en un acte, en vers.

LA JOIE FAIT PEUR, comédie en un acte, en prose.

LE CHAPEAU D'UN HORLOGER, comédie en un acte, en prose.

UNE FEMME QUI DÉTESTE SON MARI, comédie en un acte, en prose.

L'ÉCOLE DES JOURNALISTES, comédie en cinq actes, en vers.

IMPRIMERIE DE L. TOINON ET Cie, A SAINT-GERMAIN.

LE CHAPEAU

D'UN

HORLOGER

COMÉDIE

EN UN ACTE, EN PROSE

PAR

MME ÉMILE DE GIRARDIN

NOUVELLE ÉDITION

PARIS

MICHEL LÉVY FRÈRES, LIBRAIRES ÉDITEURS

RUE VIVIENNE, 2 BIS, ET BOULEVARD DES ITALIENS, 15

A LA LIBRAIRIE NOUVELLE

—

1864

PERSONNAGES

GONZALÈS.	MM. BERTON,
RODRIGUES GONZALÈS	DUPUIS.
AMÉDÉE, domestique de Gonzalès	LESUEU
LE PORTIER.	ANTONIN
UN HORLOGER.	BRUNET.
STÉPHANIE, femme de Gonzalès.	Mlles RIQUIER
HENRIETTE, femme de chambre	DÉSIRÉE

La scène est à Paris.

Les passages guillemetés sont supprimés à la représentation.

LE CHAPEAU

D'UN

HORLOGER

SCÈNE PREMIÈRE.

Une salle à manger. — Porte au fond donnant sur l'antichambre. — Au premier plan à droite, la chambre de Gonzalès. — Au deuxième plan, celle de Stéphanie. A gauche, dans l'angle, porte du salon. Fenêtre au premier plan à gauche. — Deux dressoirs au fond. — Un poêle dans l'angle à droite. Chaises. — Grande table ronde au milieu. Devant la fenêtre, un panier à ouvrage sur une chaise.

AMÉDÉE, seul. Bruit d'un corps lourd qui tombe dans le salon, un cri.

Ah!... (Amédée entre éperdu par la porte du salon.) Personne... on n'a rien entendu!... (Il regarde.) Je peux un moment... (Il tombe sur une chaise près de la porte du salon.) Quel malheur!... quel coup de foudre!... que vais-je devenir?... Ah! quand monsieur... Oh! monsieur!... (Il se lève.) D'abord, quand monsieur saura!... Et le cousin Rodrigues donc! lui qui chaque fois qu'il vient ici... Quel malheur!... mon Dieu! c'en est fait de moi... je suis un domestique perdu... Ah! qui vient là?... (Il va regarder au fond.) Mademoiselle Henriette!... Oh! il ne faut pas qu'elle sache... et si elle me voit, elle devinera... ma figure seule lui dirait le désastre... je ne saurais dissimuler avec elle!... Ah!... puisque je ne peux lui cacher tout, cachons-lui du moins ma figure. (Il rentre épouvanté dans le salon.)

SCÈNE II.

HENRIETTE, venant du fond, une robe élégante sur le bras.

Vite à l'ouvrage! comme c'est joli une première robe de printemps! pourvu que je l'aie finie ce soir... Madame ne me presse pas, mais elle sera bien contente de pouvoir mettre cette robe-là aujourd'hui pour aller dîner chez sa mère. Le beau temps est venu si vite qu'on n'est pas prêt, et les étoffes d'hiver sont si laides au soleil! la peluche par exemple! la peluche au grand soleil, c'est affreux! ça a l'air d'un petit animal; c'est dégoûtant... Mais il n'est pas dix heures; en me dépêchant... (une pendule sonne.) Ah! deux, trois, quatre, cinq, six, sept, huit, neuf, dix, onze!! douze! impossible! treize, quatorze, quinze, seize, (riant) dix-sept, dix-huit, dix-neuf. Eh bien, voilà une jolie heure, une heure toute nouvelle... ah! ce pauvre Amédée, quel maladroit!... (On entend un bruit de crécelle comme un grand ressort de pendule qui lâche sa chaîne.) Ah! qu'est-ce que c'est que ça? qu'est-ce donc qu'il fait à la pendule? Il l'exaspère! (Elle se lève.)

SCÈNE III.

HENRIETTE, AMÉDÉE.

AMÉDÉE, dans le salon.

Là! mon Dieu! mon Dieu! tout est fini, fini! (il paraît.)

HENRIETTE.

Eh bien, Amédée, qu'avez-vous donc?

AMÉDÉE, sombre et fatal.

Rien !

HENRIETTE.

Vous venez de casser la pendule?

AMÉDÉE.

Non, elle s'est cassée elle-même, en tombant...

HENRIETTE.

Mais c'est vous qui l'avez jetée par terre.

AMÉDÉE.

Au contraire, c'est elle qui m'a jeté par terre; c'est elle qui est tombée sur moi, le ciel m'en est témoin; je n'ai fait qu'amortir sa chute.

HENRIETTE.

Nous voilà bien!... cette superbe pendule qu'ils admiraient

tant... Quelle colère, quel vacarme nous allons entendre... monsieur qui est si vif...

AMÉDÉE.

Il n'y a pas au monde un homme plus violent... avec ça qu'il a été autrefois espagnol, et il en reste toujours quelque chose.

HENRIETTE.

Bêta, ce n'est pas lui, c'est son père qui a été espagnol; monsieur Gonzalès, il s'est fait naturaliser français.

AMÉDÉE.

C'est possible! mais on ne l'aura pas assez naturalisé.

HENRIETTE.

Ah! dame! le sang du midi bouillonne dans les veines.

AMÉDÉE.

Hein! quand il va voir sa pendule en bringue va-t-il bouillonner?

HENRIETTE.

Que comptez-vous faire?

AMÉDÉE.

Quitter cette maison...

HENRIETTE.

Mais cela se raccommode, une pendule...

AMÉDÉE.

Vous l'avez entendue, elle sonne des heures folles, surnaturelles, impossibles! vingt-sept heures!... il n'y a que moi pour m'attirer des heures comme celles-là.

HENRIETTE.

Y a-t-il d'autres choses brisées, les colombes, les amours, la femme...

AMÉDÉE.

La femme en or est solide, elle n'a rien .. il y a seulement un petit amour qui a les jambes tordues, mais avec un bon coup de marteau cela peut s'arranger... Il y a aussi ces deux pauvres colombes qui se becquetaient... eh bien, dans la chute, elles ont été séparées, elles ne se becquètent plus; mais avec un bon coup de marteau, on peut les faire se becqueter encore et rétablir le baiser que le cousin Rodrigues admire tant. — Tout cela est peu de chose, mais la pendule, le balancier, la sonnerie!... Oh! n'en parlons pas... adieu, mademoiselle Henriette, vous pouvez vous vanter d'être dans une maison que je regretterai toute ma vie... Quant à vous, je vous passe sous silence!... mais... vous savez bien, mademoiselle, que vous étiez ce qui me plaisait le plus de tout mon service...

HENRIETTE.

Allons, Amédée...

AMÉDÉE. Il s'assied accablé sur le bord de la table.

Ah! malheureux! pourquoi ai-je eu l'idée de laver la cheminée du salon... je devais bien m'attendre à cela... je le sais... ça me porte malheur de nettoyer... chaque fois que je nettoie à fond, il m'arrive un accident... nettoyer à fond, c'est ma perte... quand je nettoie légèrement je ne casse rien.

HENRIETTE, à part.

Mais aussi tu ne nettoies pas imbécile. (Haut.) Et comment avez-vous fait pour jeter par terre cette pendule, qui est énorme?

AMÉDÉE.

C'est bien simple, je voulais laver la glace. J'ai pris la pendule dans mes bras, comme ça. (Il prend Henriette dans ses bras.)

HENRIETTE, indignée.

Eh bien! monsieur!

AMÉDÉE.

Oh! mademoiselle Henriette, pouvez-vous croire qu'un homme qui vient de casser une pendule puisse... non... non. Je la tenais comme je vous tiens là... (Il prend Henriette dans ses bras, et la soulève de terre.) sans aucune idée... tout à coup j'entends sonner... (Il ouvre les bras avec effroi, et laisse retomber Henriette.)

HENRIETTE.

La pendule?

AMÉDÉE.

Non, à la porte.. Un monsieur qui se trompait... sans doute... Vite, je veux remettre la pendule à sa place, mais je l'avais trop penchée sur moi, elle perd *le quilibre*, et me tombe sur la poitrine. Je ne savais pas ce qui lui prenait... Je veux la retenir, mais à mon tour je perds mon *quilibre*, et je tombe avec elle sur le parquet... Quel bruit... Je l'entendrai toute ma vie...

HENRIETTE.

Et c'est alors qu'elle a sonné vingt-sept heures...

AMÉDÉE.

Non, c'est plus tard, quand je l'ai remise à l'heure.

HENRIETTE.

Laissez-moi donc voir le dégât. (Elle entre dans le salon.)

AMÉDÉE.

Une si bonne place! .. Pas de livrée, pas d'enfants, pas de chiens!
Nourri, blanchi, le vin, le café et la barbe, si j'en avais!... La
barbe et pas de livrée! c'est-à-dire ma dignité d'homme respec-
tée... Je ne retrouverai jamais cela nulle part, dans aucune admi-
nistration, pas même dans le gouvernement!... Ah! la maudite
pendule! maudite Vénus! C'est une Vénus... le char de Vénus
traîné par des colombes... Aussi quelle invention, faire traîner
une voiture par des oiseaux!... Oh! Vénus!

HENRIETTE, revenant.

Elle est belle Vénus! elle a une affreuse bosse à la joue... mais
c'est égal, le mal est réparable. Vite, courez chez monsieur Dollar, l'horloger de la maison.

AMÉDÉE.

C'est une idée, mais je ne peux pas... Monsieur a des ordres à
me donner avant de sortir. (On entend appeler AMÉDÉE.) Ah! monsieur... voilà mon...si...eur...

HENRIETTE.

Fermez vite la porte du salon. (Amédée court fermer la porte. — Henriette se remet à son ouvrage.)

SCÈNE IV.

HENRIETTE, AMÉDÉE, au fond, GONZALÈS.

GONZALÈS, entrant impatienté; il vient de sa chambre.

Amédée, voyons vite, qu'est-ce que vous faites donc là?

AMÉDÉE, troublé.

J'étais en train de dire à mademoiselle que... que... monsieur
m'appelait.

GONZALÈS.

Au lieu de venir? Vous êtes fou... donnez-moi d'autres gants ; vous n'avez donc pas vu que ceux-là sont sales?...

AMÉDÉE.

Sales! peut-être pour monsieur, mais pour moi, je les trouve encore très-propres.

GONZALÈS, jetant les gants.

Les voilà, donnez-m'en d'autres.

AMÉDÉE, à part, près de la porte de Gonzalès

Il est en colère... déjà naturellement... que sera-ce donc... oh!

SCÈNE V.

HENRIETTE, travaillant, GONZALÈS.

GONZALÈS.

Eh ! mais, c'est ma robe, elle est déjà faite, madame la trouve donc jolie?

HENRIETTE.

Charmante, d'une si douce nuance... Cette robe-là est encore mieux choisie que celle de l'année dernière.

GONZALÈS.

La première robe de printemps, c'est toujours moi qui la donne.

HENRIETTE.

Et aussi la première robe de l'hiver, et le premier chapeau et les premières guirlandes... monsieur est si coquet pour madame...

GONZALÈS.

Il faut bien que je le sois pour elle, puisqu'elle ne s'occupe pas de sa toilette.

HENRIETTE.

Il est certain que madame ne tient guère à la parure.

GONZALÈS.

Et elle a raison, elle n'en a pas besoin.

HENRIETTE.

C'est vrai, la moindre fleur, le plus petit morceau de dentelle,

et la voilà parée comme une châsse... C'est qu'elle est belle tout
de bon.

GONZALÈS.

La beauté de Stéphanie, c'est mon seul luxe. — Eh bien,
qu'est-ce qu'il fait donc? Mes gants, Amédée!

SCÈNE VI.

HENRIETTE, GONZALÈS, AMÉDÉE.

AMÉDÉE.

Monsieur !

GONZALÈS.

Mes gants...

AMÉDÉE.

Quels gants?

GONZALÈS.

Ceux que je vous ai demandés; j'attends.

AMÉDÉE.

Je les ai préparés sur la cheminée de monsieur. — Je croyais
que monsieur viendrait les prendre.

GONZALÈS.

Quelle idée !

AMÉDÉE.

C'est là que je les mets toujours... Je ne peux pas préparer des
gants dans une salle à manger. (Il rentre dans la chambre.)

GONZALÈS.

Il est d'une bêtise classique!

AMÉDÉE, revenant et donnant les gants.

Voilà, monsieur.

GONZALÈS.

Mon cousin Rodrigues Gonzalès va venir.

AMÉDÉE, à part.

Le cousin de la pendule, je suis perdu !...

GONZALÈS.

Vous lui direz que je suis sorti...

AMÉDÉE, l'interrompant vivement.

Monsieur ne sort donc pas?

GONZALÈS.

Mais si, qu'est-ce qui lui prend?

AMÉDÉE.

... je ... ur ne me dit jamais de répondre qu'il est sorti, quand il ne sort pas; alors je croyais...

GONZALÈS.

Il fallait m'écouter et ne pas m'interrompre... Vous lui direz que je suis sorti plus tôt que je ne pensais sortir pour aller au palais voir mon avocat, mais que je serai ici à cinq heures... Entendez-vous? Voyons, qu'est-ce que vous avez compris?

AMÉDÉE.

Que monsieur était obligé de sortir plus tôt qu'il ne devait rentrer pour aller voir le palais de son avocat, qui serait ici à cinq heures.

GONZALÈS.

Ah! c'est trop fort! c'est moi qui serai ici à cinq heures...

AMÉDÉE.

Bon, monsieur...

GONZALÈS.

Ce garçon-là m'amuserait bien au service d'un autre... (Il sort par le fond.)

SCÈNE VII.

HENRIETTE, AMÉDÉE.

AMÉDÉE.

Vous le voyez, hein! quelle malveillance, il prend tout ce que je lui dis de travers...

HENRIETTE.

Courez vite chez l'horloger.

AMÉDÉE.

Eh! le puis-je, le puis-je? Le cousin qui va venir... vous savez bien la première chose qu'il fait dès qu'il arrive ici, vite, il s'en va voir la pendule, sa chère et damnée pendule, son objet d'art, comme il l'appelle, que leur grand'mère a léguée à monsieur, ce dont le cousin enrage: il est si envieux de monsieur!

HENRIETTE.

Allons, il est taquin, mais il n'est pas méchant.

AMÉDÉE.

Non, c'est un bon envieux... mais il envie tout à monsieur... sa fortune, sa femme...

HENRIETTE.

Sa femme! La sienne est pourtant très-jolie... et elle l'aime bien.

AMÉDÉE.

Ah! s'il allait entrer dans le salon!

HENRIETTE.

Vous le renverrez...

AMÉDÉE.

Oh! bien oui, est-ce qu'on renvoie les gens qui tutoient monsieur?... Avec ceux-là, j'en ai pour une heure... Ils demandent des cigares, et ils s'établissent là pour attendre... Non, celui-là, il ne faut pas se flatter de le ficher à la porte, c'est un rêve, non... Voilà ce que je peux faire : dans le salon, bouleverser tout, renverser les meubles, jeter en travers balais et plumeaux, couvrir d'un drap la pendule et les candélabres, flanquer du blanc d'Espagne sur les glaces et les carreaux... et puis balayer, oh! mais balayer avec fureur, pour qu'une poussière épouvantable aveugle tous ceux qui voudraient passer la porte... Je ne peux que ça, et encore ça ne pourra pas durer toujours... Oh! mademoiselle Henriette, si vous étiez bien gentille...

HENRIETTE.

Je n'ai pas le temps d'être gentille.

AMÉDÉE.

Vous iriez chercher l'horloger.

HENRIETTE.

Je ne peux pas, mon pauvre garçon.

AMÉDÉE.

Oh! mademoiselle Henriette, allez-y, et ma vie est à vous! Je me donnerai à vous tout entier, je vous prendrai pour moi tout entière... Je vous servirai, je vous protégerai, je vous défendrai comme un seul homme.

HENRIETTE.

Il perd la tête!

AMÉDÉE.

J'embrasse vos genoux !

HENRIETTE, se levant.

Encore! Quel désespoir entreprenant! Laissez-moi.

LE PORTIER, en dehors, au fond.

Il n'y a donc personne ici ?

AMÉDÉE.

Oh! le portier! c'est le ciel qui l'envoie!... Je ne vous demande plus rien, mademoiselle... avec quelques centimes, j'obtiendrai de ce vieillard, dont je ne suis pourtant pas amoureux, tout ce que vous refusez à mes folles prières! (Il va au fond recevoir le portier. — Henriette se remet à travailler.)

SCÈNE VIII.

HENRIETTE, AMÉDÉE, LE PORTIER.

LE PORTIER.

Voilà une lettre pressée pour monsieur Gonzalès.

AMÉDÉE.

Par la poste?

LE PORTIER.

Non. — En voilà d'autres par la poste et des journaux.

AMÉDÉE, posant les papiers sur le poêle, à part, en passant à droite.

Tenons-nous bien, cet homme est très fin. (haut.) Êtes-vous bien fatigué, monsieur Robineau?

LE PORTIER.

Oui... pour...?

AMÉDÉE.

Pour une petite course; mais si vous êtes trop las!...

LE PORTIER, descendant.

Est-ce quelque chose d'important?

AMÉDÉE.

Non, c'est ce coquin d'horloger qui ne vient pas.

LE PORTIER.

Vous avez cassé quelque montre?

AMÉDÉE.

Moi! non, je ne casse jamais rien... Je ne sais pas comment je fais, mais jamais je ne casse rien.

LE PORTIER.

C'est que vous êtes adroit.

AMÉDÉE.

Non, ce n'est pas ça...

LE PORTIER.

Eh bien, qu'est-ce que vous lui voulez donc à votre horloger?

AMÉDÉE, cherchant.

Ah! voilà... c'est une surprise... J'ai un cadeau de noces à faire à un de mes amis... qui vient de perdre sa femme .. (A part.) Qu'est-ce que je dis donc! (Haut.) J'aurais l'intention de lui offrir une montre en argent.

LE PORTIER.

Je le pense bien, vous ne lui en offririez pas une en or.

AMÉDÉE.

Pourquoi pas? si j'en trouvais une en or pour le même prix... Oh! je n'y regarderais pas.

LE PORTIER.

Mais, ce n'est pas probable.

AMÉDÉE.

Oh! une vieille qui ne serait presque plus en or.

LE PORTIER.

Vous m'en direz tant...

AMÉDÉE.

Pour ça, j'aurais voulu un horloger.

LE PORTIER.

Ça tombe sous le sens.

AMÉDÉE.

Voulez-vous aller, de ma part, chercher monsieur Dollar, c'est mon horloger, rue de Choiseul ; vous serez bon mille fois, vous me rendrez un véritable service, et je vous en aurai une reconnaissance éternelle... Bien plus, je vous donnerai quinze sous.

LE PORTIER.

Pas besoin d'en dire si long... une course !.. quinze sous !

AMÉDÉE.

Quinze sous ! même vingt.

LE PORTIER.

Pourquoi donc, monsieur le renchéri ? je ne veux pas vous traiter en maître, quinze sous, rien de plus.

AMÉDÉE.

Soit. (A part.) Je n'insiste pas, cela éveillerait son attention... La générosité est toujours suspecte, l'innocent n'a pas besoin d'être généreux. (Le portier sort. — Amédée le suivant.) Monsieur Dollar, au coin du boulevard !

SCÈNE IX.

HENRIETTE, AMÉDÉE.

AMÉDÉE.

Oh ! ouf ! cette dissimulation.... Cependant un peu d'espoir me revient au cœur... Cet horloger m'apparait comme un arc-en-ciel au milieu de l'orage... Oh ! mademoiselle Henriette, s'il allait me dire que la pendule n'est presque pas cassée !

HENRIETTE.

Et même que ça lui a fait du bien. (La porte de la chambre de Stéphanie s'ouvre.)

AMÉDÉE.

Ah ! voilà madame, à présent !... Toujours les maîtres... On serait bien chez eux s'ils n'y étaient pas !... Je vais bouleverser le salon. (Il sort par le salon.)

SCÈNE X.

HENRIETTE, STÉPHANIE.

STÉPHANIE, tenant une bonbonnière et un flacon.

Monsieur n'est pas parti ?

HENRIETTE.

Est-ce qu'il n'a pas vu madame ?

STÉPHANIE.

Si, mais j'ai oublié de lui dire quelque chose...

HENRIETTE.

Monsieur est allé au palais ; si c'est une chose importante, Amédée peut courir...

STÉPHANIE.

Non, c'est inutile... (A part.) Je n'ai rien à lui dire du tout ; je voulais seulement lui donner quelques bonbons à grignoter et mon flacon... Respirer pendant cinq heures cet air malsain... qui endort les juges... Pauvre Fernand ! (Haut.) Oh ! ma robe ! Mais elle est faite ! je pourrai la mettre ce soir...

HENRIETTE.

Oui, si je pouvais aller chercher des rubans ; mais si je sors, je n'aurai pas le temps de finir la robe, et si je ne sors pas, la robe n'aura pas ses rubans.

STÉPHANIE.

Mais moi, je peux bien aller les chercher.

HENRIETTE.

Cela vaudrait mieux... Madame choisirait mieux que moi.

STÉPHANIE.

Combien vous faut-il pour les nœuds du corsage et des manches ?...

HENRIETTE.

Madame n'a qu'à demander la pièce, je prendrai ce qu'il faudra.

STÉPHANIE.

Donnez-moi un échantillon.

HENRIETTE.

Que madame se défie de la nuance, il faut voir les rubans à la lumière, ce vilain lilas vous joue des tours...

STÉPHANIE.

Je le connais, j'y ai déjà été prise. J'y vais tout de suite, il faut bien mettre cette robe aujourd'hui puisqu'elle est faite.

HENRIETTE.

Et puis cela fera tant de plaisir à monsieur qui l'a donnée...

STÉPHANIE.

J'aurais préféré une robe bleue.

HENRIETTE.

Oh! si monsieur savait cela!

STÉPHANIE.

Il ne faut pas le lui dire; il irait vite en chercher une bleue.

HENRIETTE.

La charmante crainte... on est bien heureuse d'avoir de si belles robes.

STÉPHANIE, à part souriant.

Qui ont pour point de départ un si bon mari. (haut.) Henriette, vite mon chapeau... (Henriette se lève.) non restez, ne perdez pas une seconde. (Elle rentre chez elle.)

HENRIETTE.

Voilà un ménage modèle? mais trop uni, cela fait peur, après quatre ans de mariage s'aimer encore! cela n'est pas dans la nature. (On sonne en dehors, au fond.)

SCÈNE XI.

HENRIETTE, AMÉDÉE, L'HORLOGER.

AMÉDÉE, très-agité, sortant du salon.

C'est lui! mon cœur bat! (Il va ouvrir au fond, en dehors. — Henriette va écouter à la porte de la chambre de Stéphanie. — A l'horloger.) Oh! c'est

vous!!! monsieur, je vous en remercie, car si vous aviez été
un autre, j'aurais été bien tourmenté.

L'HORLOGER [1].

Vous avez fait demander des montres ? (Il pose son chapeau sur la
chaise où Henriette travaillait et tire de sa poche une boîte à montres.)

AMÉDÉE.

Non.

L'HORLOGER.

Alors ce n'est pas vous...

AMÉDÉE.

Si, mais chut!... (A Henriette qui lui fait des signes.) Madame est là ?

HENRIETTE.

Oui.

L'HORLOGER.

Pour quel objet ?

AMÉDÉE.

Il est là dedans l'objet, soyez prudent. Mon sort va se décider,
mademoiselle Henriette priez pour moi ! (Amédée entraîne l'horloger dans
le salon.)

HENRIETTE, les suivant.

Il faut que j'entende sa condamnation. — Oh ! madame ! (Elle
revient vers la fenêtre.)

SCÈNE XII.

HENRIETTE, STÉPHANIE, habillée pour sortir.

STÉPHANIE.

Cet échantillon est trop petit, on ne juge pas bien de l'en-
semble.

HENRIETTE.

Je vais chercher un morceau plus grand. (Elle prend son panier, le
pose sur la table du milieu, et cherche.)

1. L'horloger, Amédée, Henriette.

STÉPHANIE.

Monsieur ne rentrera qu'à cinq heures, nous aurons bien le temps d'essayer la mantille !

AMÉDÉE, dans le salon.

Oh !

STÉPHANIE.

Qu'est-ce que cela ?

HENRIETTE, à part, écoutant.

Amédée qui se lamente.

STÉPHANIE.

J'entends gémir... il y a quelqu'un dans le salon ?

HENRIETTE.

Ce n'est rien, madame, c'est Amédée... qui chante.

STÉPHANIE.

Quelle triste chanson ?

HENRIETTE.

Il a la voix si fausse...

STÉPHANIE.

Eh bien, vous ne trouvez pas ? Êtes-vous donc comme Amédée, qui perd tout ?

HENRIETTE, cherchant.

Oui, hier monsieur lui demandait la clef de son armoire et il lui a fait cette belle réponse : c'est moi qui l'ai perdue, monsieur, mais bien innocemment, car je ne sais où je l'ai mise.

HENRIETTE.

Ah ! voici l'échantillon !

STÉPHANIE.

A la bonne heure ! on peut choisir avec celui-là. (Elle sort par le fond.)

SCÈNE XIII.

HENRIETTE, AMÉDÉE.

HENRIETTE, ouvrant la porte du salon.

Prenez donc garde, madame vous a entendu gémir. (Elle retourne près de la table a ouvrage, mais reste debout après avoir posé sur la table du milieu le chapeau qui était sur sa chaise.)

AMÉDÉE, paraissant seul.

Madame !

HENRIETTE [1].

Elle est sortie... Eh bien, y a-t-il du remède?

AMÉDÉE.

Oh ! je suis sauvé ! je n'ai cassé que le grand ressort, la sonnerie, le spiral et le barillet, et monsieur Dollar dit que ce n'est rien, que dans quatre jours la pendule sera reposée sur la cheminée... quatre jours ! c'est tout ce qu'il nous faut... on ne se tient dans le salon que le dimanche. Ah! je respire!... il faut que je vous embrasse dans mon bonheur !

HENRIETTE, qui a terminé sa robe et la tient sur son bras.

Non, vous m'avez déjà trop embrassée dans le malheur.

AMÉDÉE.

Oui, mais machinalement, tandis que maintenant je sais ce que je fais. (Il veut l'embrasser, elle lui échappe.)

HENRIETTE.

Moi, aussi... et je m'en vais.

AMÉDÉE.

Où donc, méchante?

HENRIETTE.

Chercher mes dentelles. (Elle sort par le fond, emportant la robe.)

SCÈNE XIV.

AMÉDÉE, puis L'HORLOGER.

AMÉDÉE.

Et moi, je cours chercher un cabriolet pour l'enlèvement de la pendule... Le char de Vénus traîné par un horloger!... Je peux rire à présent... j'ai la plaisanterie facile... (On entend sonner.) Ah! mon Dieu! qui vient là? C'est le cousin de la pendule... Que faire? que devenir? Il ne faut pas qu'il assiste à son enlèvement.

1. Henriette, Amédée.

LE CHAPEAU D'UN HORLOGER.

(*L'horloger venant du salon. Il tient la pendule dans ses bras; elle est enveloppée dans un drap. On sonne encore.*) Ce n'est pas la manière de sonner du cousin... Je ne reconnais pas son son!...

L'HORLOGER.

Si vous ouvriez la porte?

AMÉDÉE.

Je ne puis pas ouvrir.

L'HORLOGER.

Voulez-vous que j'ouvre?...

AMÉDÉE.

Ouvre-moi le ventre plutôt, malheureux!

GONZALÈS, appelant du dehors.

Amédée! Amédée! Ouvrez donc, morbleu!... Ouvrez donc!...

AMÉDÉE, éperdu.

Ah! ah! Tout est perdu! C'est monsieur! c'est monsieur, qui ne devait rentrer qu'à cinq heures... Où cacher cet homme?... S'il le voit, tout est découvert... Ah! monsieur, je vous en supplie, entrez dans cette chambre! mettez le verrou et ne répondez qu'à ma voix.

« L'HORLOGER.

« Mais dans le salon...

« AMÉDÉE.

« Il n'y a pas de verrou dans le salon. »

L'HORLOGER.

Que je m'enferme dans la chambre de madame?

AMÉDÉE.

Il a peur de se compromettre!... En voilà une drôle de pudeur... faut-il être horloger!... (*Il pousse l'horloger dans la chambre de stéphanie.*) Le verrou! le verrou!... Ah!... (*On entend le bruit d'un verrou qu'on tire.*)

GONZALÈS, en dehors.

Amédée!

AMÉDÉE, criant comme dans le lointain

Me voilà, monsieur! je descends... Comment motiver?... Oui... il n'y a pas d'autre moyen... Je dirai que j'étais là-haut, dans ma chambre, en train de m'habiller. (*Il ôte sa cravate, sa veste, son gilet et* continue de se déshabiller, mais il s'arrête.) Non, c'est trop... ce ne serait pas probable... il ne comprendrait plus pourquoi je l'ai fait attendre... Comme cela, c'est plus naturel... ce costume parle de lui-même... Il faut que je m'essouffle un peu. Je descends, monsieur. (Il court autour de la table. — Gonzalès paraît.)

SCÈNE XV.

GONZALÈS, AMÉDÉE.

GONZALÈS, en colère.

Allons donc, morbleu! il faut qu'on ouvre pour vous? Que fai-siez-vous donc?

AMÉDÉE.

J'étais dans ma chambre à m'habiller... monsieur m'a inter-rompu au plus fort de ma toilette... Je demande bien pardon à monsieur si je l'ai fait un peu attendre... Voilà des journaux et des lettres pour monsieur. (Gonzalès lit les lettres. — Amédée, à part, regar-dant la porte par laquelle l'horloger est sorti.) Pourvu qu'il ne tousse pas! s'il est enrhumé, je suis perdu! (Il écoute et regarde.) Tiens! qu'est-ce qu'il fait donc?... (On entend sonner une pendule.) Oh! il monte la petite pendule de madame... Vite, du bruit... pour que monsieur ne l'entende pas... (Il remue une chaise.) Oh! que c'est bien une idée d'horloger!... Ces gens-là, on ne peut pas les laisser seuls avec une pendule sans que... (Il aperçoit le chapeau de l'horloger.) Ah! que vois-je! son chapeau!... il a oublié son chapeau!

GONZALÈS, après avoir lu plusieurs lettres insignifiantes,
s'émeut tout à coup.

Qu'est-ce que cela? une lettre anonyme à moi!... L'écriture est contrefaite... Ce sont des vers...

ENVOI A UN MARI.

« Constant époux, toi qui dis que l'on t'aime,
    « Et que l'on t'aime pour toi-même,
    « Va te promener et crois-moi
    « Ne rentre pas trop tôt chez toi;
    « Car ta colombe bien aimée,
« Avec un tourtereau chez elle est enfermée;

« Et si tu revenais au colombier trop tôt,
« Tu pourrais avoir l'air d'un sot. »

(Pendant que Gonzalès lit, Amédée se r'habille et cherche à enlever le chapeau sans être vu, mais il n'y peut parvenir.) Les mauvais vers et les méchantes gens... C'est absurde, et pourtant c'est désagréable à lire...

AMÉDÉE, se posant devant la table et prenant le chapeau derrière son dos.

Monsieur ne passe pas dans son cabinet? il est fait.. Je n'ai plus qu'un coup de plumeau à y donner, mais je ne le donnerai pas...

GONZALÈS.

Tout à l'heure. (Il donne son chapeau à Amédée en passant devant lui. — Amédée, qui tient les deux chapeaux dans les mains, se contorsionne pour cacher celu qu'il tient derrière lui.)

AMÉDÉE.

Est-ce qu'il va rester ici?

GONZALÈS, à part.

Ma femme... Stéphanie... elle n'a pas d'ennemis; qui peut s'amuser à la calomnier?... Si bonne, si naïve! c'est indigne!... Le monde est méchant... Oh! j'ai besoin de la voir, chère enfant!...
Il va pour ouvrir la porte de la chambre de sa femme.)

AMÉDÉE, à part.

Que fait-il?... Dieu! (Dans son effroi, il oublie les chapeaux qu'il pose sur la table, et va vivement près de Gonzalès.)

GONZALÈS.

Stéphanie! Elle n'entend pas... le verrou est mis... Madame est à sa toilette?

AMÉDÉE.

Oui, monsieur; elle essaie plusieurs robes.

GONZALÈS.

J'entends marcher... un pas lourd, très-lourd...

AMÉDÉE, à part.

Il marche!... l'imbécile, il marche! (haut.) C'est mademoiselle Henriette, sans doute... Elle va sortir, elle a mis ses bottes, ses petites bottes, ses *brodequines*.

GONZALÈS.

Stéphanie!... Henriette!... On ne répond rien. (Apercevant le chapeau.) A qui ce chapeau?

AMÉDÉE, froidement.

Je ne sais pas, monsieur; c'est un chapeau qui se trouve là, je ne l'ai pas vu entrer...

GONZALÈS, à part.

Non... voyons!... il faut être raisonnable... Elle va venir... elle s'habille... Stéphanie!...

AMÉDEE, à part.

Ah! une idée... (Haut.) Si monsieur veut, j'appellerai à la petite porte du corridor... (Il sort par le fond en courant.)

GONZALÈS, distrait.

Oui... Mais ce chapeau est à quelqu'un!... Il y a quelqu'un chez moi. (Seul, il regarde par le trou de la serrure.) Je vois... je ne me trompe pas .. un homme... Il est près de la cheminée... Je ne le reconnais pas... Il y a un homme dans la chambre de ma femme!... Je ne le vois plus... Oh! je ne veux pas qu'on le lasse s'échapper... (Il court vers le fond. Bruit de verrou à droite.) Il est trop tard!

AMÉDÉE, ouvrant la porte et rentrant.

Ce n'est pas étonnant si on ne répondait pas, il n'y avait personne... madame est sortie... C'est mademoiselle Henriette qui avait oublié d'ôter le verrou.

GONZALÈS.

Oh! je verrai bien!... (Il entre vivement dans la chambre.)

AMÉDÉE, seul.

Filé!... avec la pendule et mon chapeau qui est trop petit pour sa diable de tête... Mais il m'a promis qu'il ne le mettrait pas... Monsieur n'y a vu que du feu!... J'ai bien mené ça... Oh! les escaliers dérobés, quelle belle invention!... Ah! le chapeau, il l'a vu... mais un chapeau tout seul! ça ne *dit* rien... (Il emporte le chapeau dans le salon.)

SCÈNE XVI.

GONZALÈS, seul, rentrant du fond.

Personne... Il est parti... Elle... a eu peur, elle se sauve... Mais non! Stéphanie!... une intrigue!... c'est impossible!... Ah! cette pensée me dévore... Je n'y crois pas... je ne crois rien... Et pourtant je souffre comme si je croyais!... Mais cet homme, je l'ai vu, je l'ai bien vu!... Mais il y a tant d'explications à donner aux choses les plus étranges; c'est, sans doute, quelque incident très-naturel... Je me tourmente pour rien... Je sens que c'est pour rien... Je rirai bien quand... C'est cette lettre qui me trouble... Sans cette lettre, sans cette maudite lettre, j'aurais déjà trouvé la cause véritable... Mais voilà... cette lettre m'a prévenu... Je me figure tout de suite que c'est un amant, comme s'il n'y avait pas vingt circonstances raisonnables qui amènent naturellement un homme dans la chambre d'une femme! Il y en a... il y en a... mais! (Avec rage) mais je ne les trouve pas... Et ce chapeau!... Et ma femme qui m'a dit ce matin qu'elle ne sortirait pas de toute la journée... pourquoi s'est-elle ravisée?... Non, elle n'était point sortie... elle était là... et à ma voix... Elle n'a pas osé tout de suite reparaître devant moi... Et comme on m'a laissé sonner à la porte... longtemps!... longtemps!... On se concertait... On a pensé au petit escalier!... je n'y ai pas pensé, moi!... Eh! pouvais-je y penser!... Et cet imbécile, il s'entendait avec eux... On lui avait dit de me faire attendre... Oui, je me rappelle, son trouble à mon retour était visible... il sait tout... Je veux le regarder en face et lire sur sa stupide figure la vérité! Oh! la vérité, si terrible qu'elle soit, je la veux... Amédée!

SCÈNE XVII.

AMÉDÉE, GONZALÈS, puis RODRIGUES.

AMÉDÉE, venant du salon.

Monsieur me désire?

GONZALÈS.

Qui est-ce qui est venu pendant mon absence?

AMÉDÉE.

Personne.

GONZALÈS.

Mais il y avait là quelqu'un tout à l'heure?... J'ai vu un chapeau à cette place.

AMÉDÉE, descendant près de la table.

Le voilà, monsieur

GONZALÈS.

C'est le mien.

AMÉDÉE.

Oui, c'est le chapeau de monsieur.

GONZALÈS.

Et l'autre?

AMÉDÉE.

Il n'y est plus, monsieur.

GONZALÈS.

Où est-il donc passé?...

AMÉDÉE.

J'avouerai franchement la vérité à monsieur... ce chapeau, je ne l'ai vu apporter par personne; mais, je dois le lui avouer aussi, je n'ai vu personne l'emporter.

GONZALÈS, à part.

Laissons-le dire, il est si bête qu'il se trahira.

AMÉDÉE.

Je ne cacherai pas à monsieur mon effroi... Il y a maintenant, dit-on, des chapeaux qui tournent tout seuls... Je ne voulais pas y croire, mais...

GONZALÈS.

Mon cousin Rodrigues est ici peut-être? (On sonne au fond.)

AMÉDÉE.

Non, monsieur, mais je l'entends. (Il va ouvrir la porte du fond en dehors.)

GONZALÈS, à part.

Ce garçon a l'air bouleversé, je n'ai pas encore pu rencontrer ses yeux. Mais soyons calme... Rodrigues triompherait, s'il savait...

¹ **RODRIGUES**, entrant avec Amédée.

Bonjour, cousin. Eh bien ! toujours heureux et toujours amoureux... Le modèle des tourtereaux et des époux !... Tircis marié, le troubadour en ménage...

GONZALÈS.

Toujours.

RODRIGUES.

Comme tu dis cela !... tu as l'air de te moquer de toi...

GONZALÈS.

Non, c'est de toi que je me moque... de toi, qui ne crois pas au bonheur.

RODRIGUES.

Je viens déjeûner avec toi.

GONZALÈS.

Ah ! Je ne comptais pas déjeuner.

RODRIGUES.

Tu es malade ?... Tu n'as pas faim ?...

GONZALÈS.

Si... je m'aperçois...

RODRIGUES, à part.

Qu'est-ce qu'il a ?

GONZALÈS.

Amédée !

AMÉDÉE.

Monsieur ?

GONZALÈS.

Servez-nous à déjeuner. (Amédée sort par le fond) — Je suis sorti de bonne heure pour cet ennuyeux procès, et j'avais oublié de déjeuner.

RODRIGUES.

Et tu l'as perdu ton procès ?...

GONZALÈS.

On l'a remis à huitaine... Qu'est-ce qui te fait supposer ?...

1. Rodrigues, Gonzalès, Amédée, **rangeant et époussetant.**

RODRIGUES.

Ah! c'est que tu as la mine d'un homme qui a perdu quelque chose. (Amédée rentre apportant le déjeuner sur un plateau.)

GONZALÈS.

J'ai... j'ai la migraine tout bonnement, parce que je meurs de faim; en me faisant déjeuner, tu me sauves la vie.

RODRIGUES.

Et la belle des belles sera-t-elle des nôtres?

GONZALÈS.

Non, elle est sortie.

RODRIGUES.

Pour toute la journée?... et elle rentrera ce soir à cinq heures avec un petit fichu de soie dans un papier ou un petit ruban qu'elle aura mis cinq heures à choisir... Je connais ça, ma femme aussi était sortie quand je suis rentré à la maison. (A part.) Il est jaloux, nous allons rire.

SCÈNE XVIII.

GONZALÈS, RODRIGUES, AMÉDÉE.

AMÉDÉE, mettant le couvert. — A part.

Déjeuner à table... invention de paresseux! Allons, je ne sais plus ce que je fais... (Il reporte sur le poêle une lampe qu'il allait mettre sur la table.)

RODRIGUES, à Gonzalès.

Parions que Stéphanie est allée acheter des petits rubans.

GONZALÈS.

Le grand mal...

RODRIGUES.

Le grand mal?... il n'y en a pas; mais je parie... ta pendule...

AMÉDÉE.

Oh! qu'est-ce qui parle de pendule? (Dans son trouble il met les radis dans le sucrier et les morceaux de sucre dans le bateau aux radis.)

RODRIGUES.

Cette belle Vénus! J'en ai vu une hier chez Montbro, du même style, mais quelle différence! (Rodrigues se dirige vers la porte du salon.)

AMÉDÉE, à part. — Très-ému.

Voilà le moment ! Il me passera plutôt sur le corps ! (Il court à la porte du salon et balaye vivement pour l'empêcher d'entrer.)

RODRIGUES regarde dans le salon.

Où est-elle donc la pendule ?

AMÉDÉE, à la porte du salon.

Elle est là-bas. J'ai nettoyé le marbre de la cheminée, et j'ai posé la pendule sur le divan. — Les coussins vous la cachent, monsieur. Moi, je la vois, parce que je sais qu'elle y est... mais Il faut savoir... (Avec le manche du balai, il enlève le chapeau de Rodrigues qui entre dans le salon.)

RODRIGUES.

Quel remue-ménage ! Ce n'est pas très-commode de naviguer à travers des écueils de chaises, de fauteuils...

AMÉDÉE, très-agité.

C'est même impossible. Le déjeuner est servi. (A Rodrigues.) Monsieur attend monsieur. Monsieur, les radis refroidissent... (Dans son trouble il époussette le déjeuner.) Oh ! qu'est-ce que je dis ?

RODRIGUES, rentre sans chapeau.

Je la verrai plus tard. (Il s'assied à gauche de la table.)

GONZALÈS, à part, s'asseyant à droite de la table.

Elle ! Toutes les femmes, mais pas elle ! (Il prend les radis dans le sucrier et les met dans sa tasse.)

RODRIGUES.

Eh bien ! qu'est-ce que tu fais ? Tu sucres ton thé avec des radis... passe encore pour des betteraves.

GONZALÈS.

C'est cet imbécile aussi qui s'est trompé.

RODRIGUES.

Bon ! il a mis le sucre dans l'eau des radis, et le voilà qui fond à plaisir...

GONZALÈS.

Amédée, voyez un peu ce que vous faites.

AMÉDÉE, derrière la table.

Pardon, monsieur, j'aurai été distrait... par une distraction...

RODRIGUES.

Donne-moi à boire, j'ai une soif. (Gonzalès, qui tient la théière, verse du thé dans le verre de Rodrigues.) Eh! tu me brûles... qu'est-ce que tu fais donc?

GONZALÈS.

J'avais compris que tu voulais une tasse de thé.

RODRIGUES.

Soit. Je prendrai du thé. (Il prend une tasse, Amédée y verse du vin.) Allons, b n! voilà qu'il me verse du vin dans une tasse! (A part.) Mais qu'ont-ils donc? C'est le déjeuner d'un fou, servi par un imbécile. (A Amédée.) Laisse-nous...

AMÉDÉE, à part, à droite.

Je ne demande pas mieux, c'est tout de même un drôle de service. (Il sort par le fond.)

RODRIGUES.

N'insistons pas, c'est plus prudent.

SCÈNE XIX.

GONZALÈS, RODRIGUES.

RODRIGUES.

Ah çà, mon pauvre ami, ce n'est pas moi que tu peux tromper... tu souffres... tu es malheureux... conte-moi ça, je te guérirai, moi... tu es jaloux? « Notre petite femme nous fait des « traits, hein! Eh! bien! ce n'est pas un malheur, on ne peut « pas appeler ça un malheur.

« GONZALÈS.

« Pour moi, ce serait le plus affreux de tous.

« RODRIGUES, gaiement.

« Il faut pourtant bien que tu t'y fasses, que tu t'y prépares... « vois-tu! cette chose-là, c'est comme la mort c'est inévitable, il « faut de même s'y bien préparer. Tu n'as qu'à te dire tous les « matins, ça me sera égal, ça me sera bien égal; le grand jour « venu, tu te diras tout naturellement ça m'est bien égal.

« GONZALÈS.

« Je ne dirai jamais cela. »

RODRIGUES.

Voyons, parlons net... c'est le petit vicomte qui te tracasse?

GONZALÈS.

Le vicomte!... je ne sais pas ce que tu veux dire!

RODRIGUES.

Ce joli garçon du Jockey-Club, qui est amoureux de ta femme et qui la suit partout.

GONZALÈS.

Un homme oserait...

RODRIGUES.

Allons! calme-toi... il n'est pas dit qu'elle l'encourage.

GONZALÈS.

L'idée seule!...

RODRIGUES.

Ah! tu es plaisant, toi; tu t'imagines que tu auras épousé une des plus jolies femmes de Paris pour toi tout seul, et qu'il ne sera permis à personne de la regarder « Ah! tu prétends. au mono-
« pole de ta femme! rien que cela! Et de quel droit donc, s'il te
« plaît? Qui es-tu pour t'arroger ce monstrueux privilége?

« GONZALÈS.

« Parbleu! je suis son mari!

« RODRIGUES.

« Ah! voilà le grand mot lâché! son mari! Qu'est-ce que cela
« fait, ça? Est-ce que je ne suis pas le mari de ma femme... Eh!
« bien! est-ce que j'ai des prétentions, moi? Tu as choisi ta femme
« pour sa beauté, morbleu! il faut bien permettre qu'on l'ad-
« mire! »

GONZALÈS.

Je ne défends pas qu'on l'admire, je me défends contre ceux qui l'admirent insolemment; mais la défense n'est pas difficile. Stéphanie n'est point coquette.

RODRIGUES.

Tant pis! les coquettes sont de toutes les femmes le moins en danger; la coquetterie est une monnaie, c'est la monnaie de l'amour; or quand les femmes n'ont pas de monnaie...

GONZALÈS.

D'ailleurs, elle m'aimait.. elle m'aime!..

RODRIGUES.

Oui ; et franchement, cela m'a toujours étonné.

GONZALÈS.

Pourquoi ?

RODRIGUES.

« Précisément par la raison que tu me donnais tout à l'heure »
Parce que tu es son mari.

GONZALÈS.

Eh ! je l'aime bien, moi, quoiqu'elle soit ma femme...

RODRIGUES.

Oh ! que c'est différent ! une femme même mariée est toujours
une femme, tandis qu'un homme marié n'est plus un homme,
c'est un mari, c'est-à-dire un butor.

GONZALÈS.

Mais...

RODRIGUES.

Tu as beau te récrier, je suis dans le vrai... Autant les femmes
sont mignonnes, soignées, élégantes, autant les maris sont gros-
siers et laids.

GONZALÈS.

Pas tous... parle pour toi.

RODRIGUES.

Moi, je suis très-laid, peut-être pas comme cela, mais en négligé
je suis fort laid... Oh ! c'est une justice que je rends à ma femme...
en bonnet de nuit je suis affreux ! « Et puis nous sommes mal
« mis, mal peignés, et très-sales, que diable, je le sais bien, nous
« n'avons aucun des soins recherchés et élégants de nos com
« pagnes. Toute la journée nos femmes lavent leurs jolis doigts
« avec des pâtes qui embaument ; nous autres, nous avons beau
« frotter nos grosses mains, elles sont toujours sales.

« GONZALÈS.

« Ah !

« RODRIGUES.

« Les miennes sont sales, regarde ; je les ai pourtant bien
« brossées ce matin, eh ! bien tu le vois elles sont sales... Et tu
« veux, animal, tu veux qu'on t'adore avec des mains comme
« celles-là ; allons donc ! »

GONZALÈS.

Eh bien, tu as raison, un mari est un être repoussant, désenchantant, ennuyeux, odieux; je t'accorde ça; et toi particulièrement, tu es tout cela plus que tout autre; es-tu content?

RODRIGUES, riant.

Oui.

GONZALÈS.

Mais moi, Rodrigues, moi, je ne suis pas un mari pour elle... je n'ai jamais été un mari... je suis un amant, un amant passionné. — Jamais elle ne m'a vu maussade, ni malade, ni négligé... ni mari, enfin! et c'est parce que depuis quatre ans, jamais, jamais un seul jour, je n'ai été pour elle un mari, que je me crois le droit de n'être jamais traité par elle en mari... Comprends-tu?

RODRIGUES, se levant.

Oui... et même ce que tu me dis là me fait grand plaisir.

GONZALÈS.

Pourquoi?...

RODRIGUES.

C'est que j'avais quelquefois des remords d'avoir été sans gêne et grossier envers ma femme... mais maintenant que je découvre que lorsqu'on est doucereux et troubadour il vous arrive absolument la même chose, ça me soulage, cela me console tout à fait, et même j'aime mieux ma position que la tienne... moi, je n'ai pas été dupe...

GONZALÈS, se levant aussi.

Mais je ne suis pas dupe, et tu ne l'es pas non plus; ta femme est très-honnête, pourquoi la soupçonner?

RODRIGUES.

Allons! bon! le voilà qui fait de l'aveuglement pour mon compte!... Je te dirai à mon tour: parle pour toi! que diable!

GONZALÈS.

Si cela te flatte, crois que ta femme te trompe, mais ne me force pas d'imiter tes vertus philosophiques.

RODRIGUES.

J'en conviens... Oh! les premiers moments sont cruels, mais tu t'y feras, et tu verras bientôt que cette situation de dupe vénérée n'est pas sans douceur et sans avantages. Ces chères petites perfides, comme elles deviennent aimables et prévenantes sitôt qu'elles vous ont offensé! avec quels soins toujours nouveaux elles cherchent à réparer le tort secret qu'elles vous font. Quel repentir transparent, quelle expiation mystérieuse et pleine de charmes!... Comme elles étudient vos goûts, vos manies, vos caprices!... Comme elles se rappellent bien vite tous les plats que vous préférez!... As-tu remarqué ça? Tu verras plus tard... Dès qu'elles commencent à vous trahir, le dîner se bonifie, le service se perfectionne... car c'est une chose à remarquer. , on ne dîne vraiment très-bien que chez les maris qu'on... dédommage.

GONZALÈS, exalté.

Rodrigues, tu abuses!

RODRIGUES.

Depuis un an, chez moi, la cuisine est exquise... Et comme tout est en ordre, comme la maison est tenue!... pas une tache, pas un grain de poussière. (Il regarde une chaise.) Tiens, par exemple, chez moi, on ne verrait jamais une ganse décousue comme celle-ci... Sais-tu, cela me fait supposer que ta femme est encore innocente. Si elle était coupable, elle aurait fait bien vite raccommoder cela... Mon ami, tant que tu verras cette machine-là, espère... le petit vicomte en sera pour ses œillades.

GONZALÈS, exalté.

Encore ce fat... je ne le connais pas.

RODRIGUES.

Il te connaît bien, lui; car dès que tu revins dans ta loge, hier, il disparut de la sienne.

GONZALÈS, inquiet.

Quoi! c'était ce petit blond qui était hier aux *Variétés* en face de nous?...

RODRIGUES..

Ah! tu l'as remarqué!... à la bonne heure... Tu commences à savoir ton métier... tu t'éclaires!

GONZALÈS, à part.

L'homme que j'ai vu ressemblait... Oh! si!...

RODRIGUES.

Il est gentil, il a une charmante tournure, et puis à la mode .. c'est ce qui plaît aux femmes...

GONZALÈS.

Rodrigues, tu me fais mourir...

RODRIGUES.

Que veux-tu?... je suis un philosophe...

GONZALÈS, furieux.

Tu n'es pas un philosophe, tu es un bourreau!...

RODRIGUES.

Eh! mais, c'est donc sérieux; moi je plaisantais... **Sais-tu donc** quelque chose?

GONZALÈS.

Rien! mais va-t'en!...

RODRIGUES.

Mon ami... il me fait mal.

GONZALÈS, menaçant.

Oh! je t'en supplie, ne me plains pas!

RODRIGUES.

Bien, calme-toi, je m'en vais... (A part.) Tâchons de savoir où est ce vicomte... Mon pauvre cousin, c'est singulier, quand je le vois heureux, ça me vexe; et puis... quand je le vois malheureux, ça me fait encore plus de peine... O moralistes, expliquez-moi donc cela?

GONZALÈS, à part.

Oui, il était en face de nous...

RODRIGUES.

Où ai-je donc mis mon chapeau? (Il entre dans le salon.)

GONZALÈS, seul.

Elle ne rentre pas..... où est-elle?..... Ah! ce vicomte! je le tuerai!... Et ne pas savoir son nom!

RODRIGUES, revenant.

Adieu, cousin, sans rancune... Tiens! qu'est-ce que c'est que ce chapeau-là? (Le chapeau trop petit reste perché sur sa tête.)

GONZALÈS, à part.

Le chapeau que!... Il y a quelqu'un de caché dans le salon!... Oh!...

RODRIGUES, appelant.

Amédée! mon chapeau!

SCÈNE XX.

AMÉDÉE, GONZALÈS, RODRIGUES.

AMÉDÉE, venant du fond.

Oh! monsieur?... (Il arrête Rodrigues qui veut entrer dans le salon. Gonzalès les observe.)

RODRIGUES, au fond, regardant.

Ce chapeau inquiète Gonzalès.

AMÉDÉE, revenant, donne à Rodrigues son chapeau.

Voilà, monsieur.

RODRIGUES.

Oh! ce vicomte! je le trouverai. (Il sort.)

SCÈNE XXI.

GONZALÈS, AMÉDÉE.

GONZALÈS, exaspéré, se précipite dans le salon.

AMÉDÉE, saisissant le chapeau et le jetant dans le dressoir du fond, à droite; il suit des yeux Gonzalès.

Maudit chapeau!... Il regarde de tous côtés dans le salon... Le voilà près de la cheminée... Il s'aperçoit que la pendule... Il la cherche... je suis perdu!...

GONZALÈS, revenant.

Il n'y est pas, lui... Mais elle... où est-elle?

AMÉDÉE.

Oh! je pâlis... il va remarquer que je pâlis.

GONZALÈS, saisissant Amédée à la gorge et l'amenant sur le devant de la scène.

Malheureux! Tu le sais; où est-elle?

AMÉDÉE.

Oh! monsieur! soyez indulgent!

GONZALÈS.

Moi, indulgent, misérable!.. Crois-tu donc que je puisse pardonner... Je saurai te punir, va... Mais avant tout je veux savoir où elle est...

AMÉDÉE.

Si vous ne voulez pas pardonner!... Ah! quel guignon! avoir
pris tant de précautions et être découvert...

GONZALÈS, tenant toujours Amédée.

Ah! tu avoues donc enfin, malheureux!

AMÉDÉE.

Oui, monsieur, il faut bien que j'avoue, puisque vous savez...

GONZALÈS.

Eh bien, dis-moi tout... où est-elle?

AMÉDÉE.

Monsieur, elle est... mon Dieu, où il l'a...

GONZALÈS, fou de rage, le secouant

Où est-elle?

AMÉDÉE, tombant à genoux.

Elle est... chez lui...

GONZALÈS.

Chez lui! répète encore si tu l'oses!

AMÉDÉE.

Je n'ose pas...

GONZALÈS, tombant assis sur une chaise.

Chez lui!

AMÉDÉE.

Oui, monsieur, depuis une heure, depuis que vous êtes re-
venu : mais il a dit qu'il ne la garderait que trois jours.

GONZALÈS, sans entendre

Chez lui!

AMÉDÉE.

Il me l'a bien promis, trois jours au plus. Si monsieur ne veut
pas qu'il la garde, j'irai vite la chercher avant que... Il n'écoute
pas... quand il est dans ses fureurs, c'est fini, il n'entend plus rien.
(Il se relève.)

GONZALÈS, au désespoir, à lui-même.

C'est donc vrai, c'est donc vrai... Oh! je sens bien maintenant
que je ne le croyais pas... mon honneur perdu, ma vie, mon
bonheur... Oh! c'est affreux, je l'aimais tant.

AMÉDÉE.

Ah! madame! (Il range le couvert dans le plateau sur la table.)

GONZALÈS, se levant violemment et passant à droite.

La voilà !

SCÈNE XXII.

STÉPHANIE vient du fond, AMÉDÉE, GONZALÈS.

STÉPHANIE, un papier à la main.

Henriette n'est pas là ?

GONZALÈS, à part.

Elle revient, elle espère encore me tromper. Oh ! à sa vue j'éprouve...

AMÉDÉE, faisant signe à Stéphanie.

Mademoiselle Henriette est dans sa chambre... oh ! madame.

STÉPHANIE.

Qu'est-ce qu'il a donc ?

AMÉDÉE, bas à Stéphanie.

Il est furieux ; ne l'agacez pas, madame. (il emporte le plateau par le fond et revient.)

STÉPHANIE.

Lui ! quelle folie ! (A Gonzalès.) Eh bien, ton procès ?...

GONZALÈS, se contraignant.

On l'a remis à huitaine... Vous êtes sortie ce matin ? Vous m'aviez dit que vous ne deviez pas sortir...

STÉPHANIE, câlinement.

Vous ? pourquoi ce vous ? il n'y a personne.

GONZALÈS.

Pour rire... (A part.) Sa voix me calme malgré moi... cette candeur... oh ! c'est impossible...

STÉPHANIE.

En effet, je ne devais pas sortir, mais Henriette m'a priée d'aller choisir des rubans. (Elle déploie le papier et montre les rubans.)

GONZALÈS, à part.

Ah ! Rodrigues avait raison. (Haut, se calmant.) Ils sont très-jolis... aussi vous avez mis trois heures à les choisir...

STÉPHANIE.

Oh! je n'ai pas fait que cela ; je suis allée chez ma cousine ;
c'est pour la robe que tu m'as donnée.

GONZALÈS.

Il faut la mettre tout de suite cette robe.

STÉPHANIE.

Oui, c'est ce que je vais faire... (Avec finesse.) Vous m'en voulez
parce que je suis en retard...

GONZALÈS.

Oh! vous n'êtes pas en retard...

STÉPHANIE.

Vous ne dites pas vrai, vous êtes fâché contre moi, mais je n'ai
pas peur, je vais me dépêcher et vous me pardonnerez... (Elle
l'embrasse.)

GONZALÈS, à part.

Quel aplomb !

STÉPHANIE.

Qu'est-ce qu'il a donc?... je vais savoir par Amédée. (A Amédée,
en rentrant chez elle.) Amédée, venez ouvrir les fenêtres chez moi.
(Amédée va pour la suivre, Gonzalès s'élance, saisit Amédée au moment où il va entrer
chez Stéphanie, et le fait pirouetter vers la gauche.)

SCÈNE XXIII.

AMÉDÉE, GONZALÈS.

GONZALÈS.

Non, misérable, tu ne la suivras pas!... Restez, je vous l'or-
donne! (A part.) Elle lui parlait tout bas. — Oh! cela me révolte!...
avoir mis cet imbécile dans sa confidence... s'entendre pour la
trahison avec cet idiot... est-ce descendre assez bas ! oh! je ne
peux plus voir ce confident stupide.

AMÉDÉE.

Monsieur, mais madame me désire.

GONZALÈS.

Vous n'êtes plus à mon service; vous allez quitter cette maison
à l'instant même; je ne veux pas que vous restiez chez moi un
instant de plus. (Il lui jette sa bourse.) Tenez, payez-vous et sortez!

AMÉDÉE, avec hauteur.

Je ne veux rien, monsieur. Gardez une indemnité pour le dommage.

GONZALÈS, prenant une chaise.

Misérable !

AMÉDÉE.

Tuez-moi ! vous me ferez plaisir... mais avant...

GONZALÈS, marchant sur Amédée.

Tais-toi, ou...

AMÉDÉE, se sauvant derrière la table [1].

Non, je ne me tairai pas, je ne veux pas me taire... vous n'avez plus le droit de me commander; vous m'avez chassé, vous m'avez rendu ma dignité... Fallait pas me chasser... A présent, je suis mon maître, et je dirai tout... Ma place est perdue, mon malheur est complet, qu'est-ce que je risque? Vous ne pouvez pas me flanquer à la porte plus que vous ne l'avez fait... Eh bien, je vous brave... Des égards? pourquoi faire? j'en ai eu, Dieu sait. (Il prend le chapeau dans le dressoir.) Ce chapeau, ce maudit chapeau, je vous le cachais pour que vous ne puissiez vous douter de rien... Eh bien, le voilà, je vous le montre, le voilà, et je vous déclare que je vais le reporter chez lui, car c'est le sien; je l'ai fait évader en lui prêtant le mien.

GONZALÈS, le prenant au collet.

Enfin !... à qui est-il, ce chapeau?

AMÉDÉE.

Je vous l'ai dit... à lui!...

GONZALÈS.

Qui, lui?... le vicomte de...

AMÉDÉE.

Quel vicomte? Ta, ta, ta, il ne faut pas m'embrouiller... il n'y a pas du tout de vicomte là dedans...

GONZALÈS, le lâchant.

Mais alors...

AMÉDÉE.

Un vicomte!... Est-ce qu'il en vient ici des vicomtes? est-ce que les vicomtes raccommodent les pendules?

1. Gonzalès, Amédée.

GONZALÈS.

Ma pendule est cassée!

AMÉDÉE.

Tiens! vous ne le saviez donc pas?

GONZALÈS, devinant.

Si, si, c'est toi qui l'as cassée!

AMÉDÉE.

Parbleu! qui voulez-vous de moi que ce soit?

GONZALÈS.

Et cet homme que tu cachais si adroitement, c'était un horloger?

AMÉDÉE.

Monsieur Dollar, qui a emporté la pendule. Je vous l'ai dit, elle est chez lui.

GONZALÈS, se frappant la tête.

Imbécile!

AMÉDÉE, à droite.

Vous n'avez plus le droit de m'appeler imbécile.

GONZALÈS, sur le devant, à gauche.

Qu'il faut peu de chose pour troubler le bonheur le plus pur! Comment ai-je pu croire... Oh! il n'est pas permis d'être bête comme ça... Ah!

AMÉDÉE.

Bête! vous n'avez plus le droit de m'appeler bête. Je ne suis plus à vous, je ne suis plus chez vous, nos comptes sont réglés. Vous me devez deux cents francs, c'est le prix du raccommodage, donc nous sommes quittes... vous ne me devez rien, je ne vous dois rien, j'ai bien l'honneur de vous saluer, adieu. (Il met le chapeau de l'horloger sur sa tête; le chapeau, trop grand, lui tombe sur les yeux.)

GONZALÈS, le retenant par les mains.

Reste donc, mon pauvre garçon, je ne veux pas que tu t'en ailles pour...

AMÉDÉE.

Je veux m'en aller...

GONZALÈS.

Je ne veux pas que tu me quittes comme ça.

AMÉDÉE.

Non, non, je veux ma liberté... lâchez-moi donc, vous êtes trop
orageux; j'en ai assez de vos fureurs!

GONZALÈS.

Si tu restes, je double tes gages.

AMÉDÉE, relevant le chapeau et le jetant sous la table.

Quelle idée! pour avoir cassé votre pendule?

GONZALÈS, riant.

Oh! quel plaisir tu m'as fait.

AMÉDÉE.

Et moi qui vous cachais ce bonheur! (A part.) C'est égal, je
n'y comprends rien... C'est des fantaisies de maître... mais ça
embrouille le service!

SCÈNE XXIV.

AMÉDÉE, GONZALÈS, STÉPHANIE, HENRIETTE,
ensuite **RODRIGUES.**

STÉPHANIE, venant de sa chambre.

Me voilà, je n'ai pas été longtemps. Elle est jolie ma robe?

GONZALÈS, tendrement [1].

Charmante! Ah! tu ne m'as jamais paru plus belle!

RODRIGUES, entrant du fond

Amédée, voyez donc ce que veut le portier; il dit qu'il s'est
trompé... il vous a donné une lettre qui était pour le locataire
d'en haut. (Amédée remonte au fond. — Rodrigues salue Stéphanie.)

GONZALÈS, à part, lisant l'adresse de la lettre anonyme.

Monsieur Gorgelet, négociant en vins. — Ce n'était pas pour
moi! Comme c'est heureux que je l'aie reçue... Là-haut... c'est
peut-être vrai. (Haut, à Amédée qui revient.) Je l'ai décachetée... c'était
une lettre insignifiante... une circulaire.

RODRIGUES, bas.

Le vicomte est parti, tu n'as rien à craindre.

1. Gonzalès, Stéphanie, Amédée.

GONZALÈS, très-gaiement et allant prendre les mains à sa femme [1].

Eh! je ne craignais rien! j'étais en colère contre cet imbécile qui a cassé la pendule!

RODRIGUES.

La pendule est cassée! c'est ça un malheur! Ah! (Il se précipite sur Amédée.)

AMÉDÉE.

Monsieur, elle n'est pas morte votre pendule, voilà son médecin qui en répond.

SCÈNE XXV.

LES MÊMES, L'HORLOGER.

L'HORLOGER, derrière la table, au fond.

Pardon, monsieur, j'ai laissé ici un chapeau...

AMÉDÉE.

Monsieur, je l'ai mis de côté. (Il lui remet le chapeau qu'il vient de prendre sous la table.)

RODRIGUES, à part, regardant Gonzalès.

Je devine!...

GONZALÈS.

Ah! monsieur, vous et vos confrères, vous avez là une fâcheuse habitude... croyez-moi, ne laissez jamais votre chapeau dans les antichambres.

L'HORLOGER.

Pourquoi?

GONZALÈS.

C'est... c'est qu'on pourrait vous le prendre.

RODRIGUES, à part.

Il a raison... ça fait frémir... quand on pense qu'il a failli tuer un vicomte...... parce qu'il a trouvé chez lui le chapeau d'un horloger!

1. Gonzalès, Stéphanie, Amédée.

FIN.